# ALFAGUARA

© 2000, Santillana USA Publishing Company, Inc.
2105 NW 86th Avenue
Miami, FL 33122
© Del texto: 1997, SUSANA OLAONDO
   De las ilustraciones: 1997 SUSANA OLAONDO
© 1997, EDICIONES SANTILLANA  SA
   Javier de Viana 2350
   11200 Montevideo - Uruguay


Diseño de colección:
José Crespo, Rosa Marín, Jesús Sanz


Alfaguara es un sello editorial del **Grupo Santillana.**
Éstas son sus sedes:

ARGENTINA, BOLIVIA, CHILE, COLOMBIA, COSTA RICA,
ECUADOR, EL SALVADOR, ESPAÑA, ESTADOS UNIDOS,
GUATEMALA, MÉXICO, PANAMÁ, PERÚ, PUERTO RICO,
REPÚBLICA DOMINICANA, URUGUAY Y VENEZUELA


ISBN: 1-58105-635-4
Printed in Mexico

# Susana Olaondo

Bibliothèque nationale du Québec

## ALFAGUARA
INFANTIL

*A Nenina, Martha y Juan,*
*todas las lunas.*

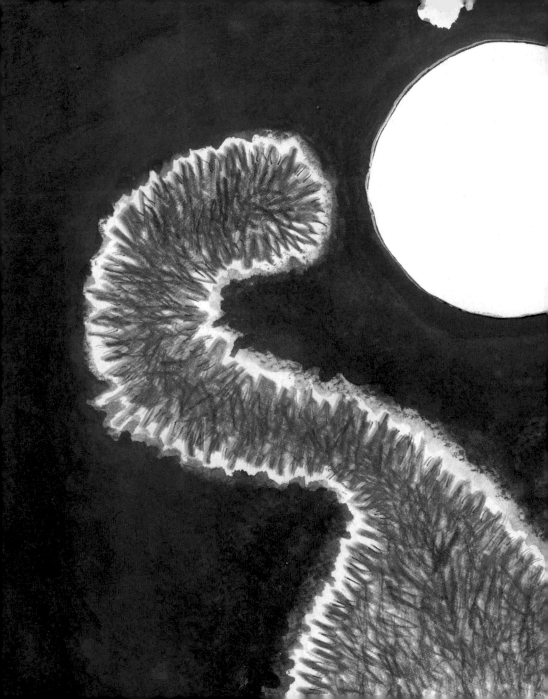

Yo conocí una luna blanca y redonda
que me seguía a todas partes
aunque a veces se escondía.

Yo conocí una luna fina
(tan fina como una uñita)
que a veces, sin darse cuenta,
salía de día.

Yo conocí una luna verde
que se moría de risa
porque las mariposas
le hacían cosquillas.

Yo conocí una luna rayada y medio bajita,
que un día se transformó en pájaro
y se fue a vivir muy lejos
donde a nadie conocía.

Como pasaba el tiempo
y la luna no se veía,
se juntó mucha gente
que miraba para arriba.

El presidente preocupado
hizo un discurso muy largo,
para ver si la convencía.

"La luna tiene que salir,
¡así fue hecho el mundo!" —dijo el cura
y esperaba rezando, sin prisa.

El panadero amasó
una medialuna tan grande
que era muy difícil subirla.

Los niños hicieron lunas
con papeles de colores
pero de noche no se las veía.

Desde algún lugar del espacio,
los astronautas mandaban señales
que nadie recibía.

Y a nadie se le ocurrió preguntarme
si yo algo sabía.

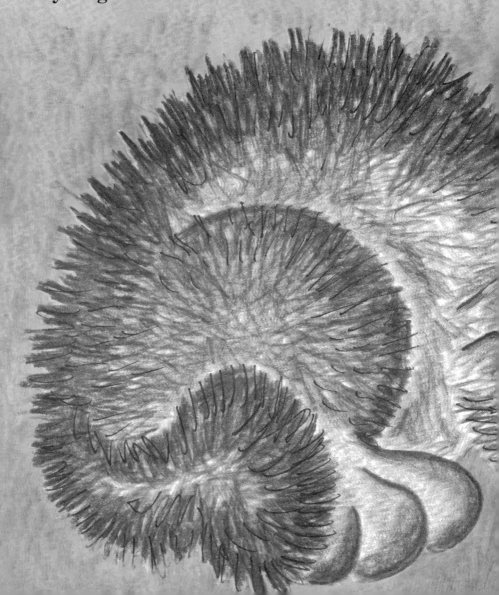

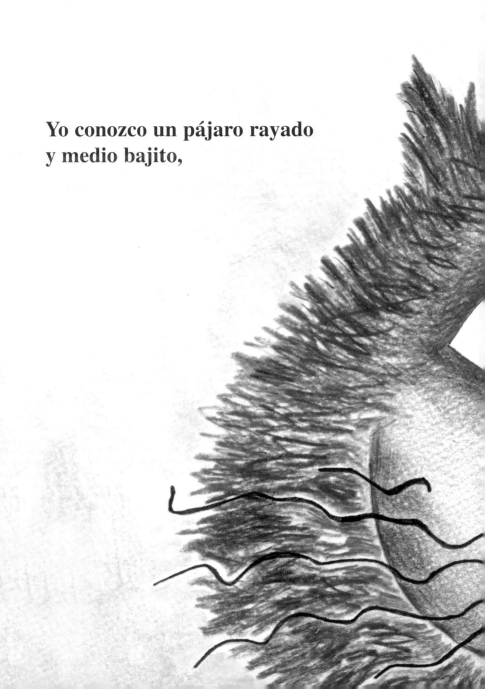

Yo conozco un pájaro rayado
y medio bajito,

**que seguro la encontraría.**